# LA FRANCE

AVANT

# LA POLOGNE

# PARIS


**IMPRIMERIE DE L. TINTERLIN ET C⁶**

Rue Neuve-des-Bons-Enfants, 3

# LA FRANCE

## AVANT

# LA POLOGNE



## M. LE MARQUIS DE LA ROCHEJAQUELEIN

## PARIS

E. DENTU, LIBRAIRE-ÉDITEUR

PALAIS-ROYAL 17 ET 19, GALERIE D'ORLÉANS.

1863

# LA FRANCE

## AVANT

# LA POLOGNE

## I

Nous connaissons aujourd'hui les Notes diplomatiques communiquées à la Cour de Russie sur les affaires de Pologne. Les termes en sont très-mesurés ; il n'y a pas de propositions formulées. Elles auraient dû être concertées par la France avec l'Angleterre et l'Autriche. Je ne sais pas si on l'a tenté, mais on n'aurait assurément pas pu parvenir à s'entendre.

La Russie, qui le savait fort bien, est avertie par les puissances que les insurrections polonaises qui se succèdent périodiquement sont un danger et un grand embarras pour l'Europe. Elle doit aviser. Il est probable qu'étant la plus intéressée à la pacification de la Pologne, elle cherche depuis longtemps tous les moyens possibles pour atteindre ce résultat. Jusqu'à présent, elle n'a pas trouvé la solution du problème. Elle a employé cependant les systèmes les plus opposés.

Je regrette sincèrement qu'au lieu de nous être servis de notre alliance intime avec la Russie pour l'aider par nos conseils à trouver une bonne solution, nous ayons réclamé le concours comminatoire de l'Angleterre, de l'Autriche et de toutes les autres puissances auxquelles on s'est adressé. C'était nous ôter tout le bénéfice de notre intimité avec la Russie; je ne crois pas que ce soit dans l'intérêt des Polonais. Je ne crois pas qu'il faille se préoccuper de la réponse de la Russie; elle se tiendra probablement dans des généralités qui ne feront pas faire un pas à la question, quant à présent.

J'ai été fort attaqué pour le discours que j'ai prononcé au Sénat. J'ai dit des vérités qui n'ont pas été contredites; et, ne tenant aucun compte de la vive sympathie que j'ai manifestée en y revenant plusieurs fois, en faveur des malheureux Polonais, je me trouve avoir fait un discours contre la Pologne.

Je croyais avoir parlé uniquement pour la France et contre la guerre pouvant résulter de la question polonaise. Je le crois encore. Je n'ai eu qu'une seule pensée : ne pas exposer mon pays à une guerre fatale, dans laquelle on attribuait d'avance à l'Angleterre et à l'Autriche des entraînements qu'elles n'auront jamais.

Supprimez le Rhin, l'Escaut d'une part; la Gallicie, la Hongrie et la Vénétie de l'autre, et alors vous pouvez rêver. Jusque-là, il ne faut pas se hâter de se croire des amis qui ne peuvent pas l'être.

Cette conviction peut être controversée, mais elle ne mérite pas des injustices que je repousse avec moins d'indignation que de tristesse, car je suis profondément affligé de voir que le bon sens et la bonne foi sont mal venus à se produire contre les préventions et les emportements les plus irréfléchis.

J'ai dit au Sénat que nous devions nous en rapporter à la sagesse du Gouvernement de l'Empereur, en indiquant les voies pacifiques comme les meilleures à employer. J'ai eu tort ; mais si, changeant de thèse, et pour gagner de la popularité même aux dépens de mon pays, j'avais demandé la guerre, que n'aurait-on pas dit ? On m'eût accusé de vouloir une nouvelle guerre de Russie, une nouvelle coalition contre la France ; j'aurais été signalé comme un ennemi de l'Empereur, et l'on aurait eu raison.

Je n'aurais parlé en faveur de la guerre que si j'avais eu les sentiments que l'on m'eût justement attribués.

J'ai mieux aimé dire mes convictions profondes. Je n'aurai jamais la responsabilité d'une excitation malheureuse ; je n'aurai même pas la responsabilité du silence.

Si les efforts pacifiques de la France réussissaient à resserrer encore nos bons rapports avec la Russie, je triompherais ; si, contre tout espoir, les moyens pacifiques faisaient place à l'action militaire, et que nos armées fussent victorieuses, que notre politique parvînt à s'imposer à l'Europe, les faits donneraient un

démenti à mes appréhensions les plus vives et les plus convaincues ; j'y applaudirais ; car l'intérêt, l'honneur, la gloire, la
prospérité de la France étant la plus grande préoccupation de
ma vie politique, mes erreurs se changeraient en victoire.

Car, que m'importe ma personnalité ? Je n'ai jamais joué un
assez grand rôle pour m'en préoccuper, et je ne suis plus d'âge
à penser à moi.

A ce propos, je me souviens d'une anecdote dans laquelle
j'eus à répondre au comte Molé. C'était quelques jours avant le
2 Décembre. Je descendais de la tribune, et je venais de parler
avec vivacité sur une question dans laquelle les intérêts légiti-
mistes devaient être défendus. J'avais réussi ce jour-là.

Je rencontrai M. le comte Molé qui se promenait gravement
dans la salle Casimir Perier, il s'avança vers moi et me dit : Il
faut que vous soyez dominé par des sentiments bien vifs pour
parler avec cette énergie et cette animation. Je lui réponds
que mes convictions suffisent pour que je les défende de toute
mon âme. — Ah ! reprend-il, il y a bien encore un autre senti-
ment ; mais quoique je vous aie vu enfant et que je sois bien
vieux, je ne veux pas en dire plus. — Dites, dites, je vous en
prie ; vous ne voulez certes pas m'offenser, dites-moi votre se-
cret. — Eh bien ! vous le voulez ; il doit y avoir aussi une certaine dose d'ambition. — D'ambition ! m'écriai-je tout étonné
de cette observation. Ah ! je vous jure que vous vous trompez ;
je n'en ai jamais eu. Je veux bien faire ; je sens que j'en
ai le devoir ; mais un but personnel à atteindre, je n'en ai jamais

eu. Et puis, me recueillant, je lui dis : Tenez, Monsieur le comte, je peux vous prouver mathématiquement que je n'ai jamais eu d'ambition. — Et comment feriez-vous? — Attendons des témoins plus nombreux.

En effet, un certain nombre de députés se groupaient autour de nous. Quand ils furent à peu près trente ou quarante, je leur expliquai ce qui venait de se passer et le problème que j'avais à résoudre. Chacun de sourire, de rire ou de ricaner, excepté quelques rares amis que je comptais dans tous les rangs et qui avaient quelque confiance en moi.

Quand j'eus dit le problème, je demandai au comte Molé de vouloir bien répondre franchement à mes questions. Il en prit l'engagement et je commençai ainsi : Un ambitieux se ménage. — Oui. — Il ménage les autres. — Oui. — Me suis-je jamais ménagé? — Non. — Bien que conservant toujours les convenances, ai-je jamais ménagé personne? — Mais non. — Dans ce cas, je n'ai donc pas d'ambition.

Le comte Molé et les nombreux assistants se regardèrent un moment indécis, et avouèrent galamment que j'avais donné la solution du problème.

Eh, mon Dieu! ce que j'ai dit sur la Pologne ne prouve-t-il pas que je cherche à servir plutôt qu'à plaire.

Je pouvais, en invoquant la loi, abriter, comme sénateur, mes opinions émises au Sénat; je ne l'ai pas fait malgré bien des injustices que le public n'a pas pu apprécier généralement, la plupart des journaux n'ayant reproduit qu'en extrait le discours que j'ai prononcé. En écrivant cette brochure, je rentre dans le droit commun, je me livre tout entier; car il faut avoir le courage de ses opinions, quand l'avenir de son pays, son salut peut-être, peuvent être mis en question par des entraînements généreux sans doute, mais insensés en réalité.

## I I

En parlant au Sénat, j'ai fait avec les pièces les plus authentiques, dont aucune n'a pu être contestée, l'historique de la question polonaise en dehors de toute prévention politique. J'ai été peu poliment interrompu quand j'ai signalé la présence en Pologne du parti de la révolution universelle ; le lendemain, M. Billault, ministre sans portefeuille, l'a signalée comme moi.

Langiewicz, l'ancien aide de camp de Garibaldi, Mieroslawski, le vétéran de toutes les révolutions européennes, ont cependant joué le premier rôle dans ce drame sanglant. J'aurais pu citer les lettres de Garibaldi, envoyant ses compliments et ses encouragements, le même jour, à Langiewicz et à Juarès à *Mexico*.

La France n'y est pas ménagée.

Je ne l'ai pas fait ; je ne devais pas trop insister sur les conséquences qui pourraient résulter de l'état de la Pologne ; je parlais devant le premier Corps de l'État, qui comprend à demi-mot. Je veux plus spécialement aujourd'hui parler au public, qui juge tout d'abord bien plus avec ses préventions et ses sentiments qu'avec la raison, mais qui, bien éclairé, ne se refuse pas à l'évidence.

Certains journaux croient à l'efficacité de l'action diplomatique ; j'y croirais si l'on était d'accord sur des demandes raisonnables à faire à la Russie, si les démarches déjà faites n'avaient pas, par leur ensemble *concerté*, sans but déterminé, quelque chose de comminatoire, et si les commentaires quotidiens de la presse ne pesaient pas autant sur les négociations.

Si des journaux sont pacifiques, c'est le très-petit nombre ; la plupart demandent la guerre, dans le cas où les négociations n'aboutiraient pas promptement ; ils la prévoient et la désirent.

Sans le vouloir, ils arrivent tous aux mêmes conclusions. Comment croire, en effet, qu'une question prise aussi vivement par notre gouvernement, appuyée par l'Angleterre, par l'Autriche et par les satellites de la nouvelle combinaison européenne qui se prépare par ceux mêmes qui ne s'en doutent pas, puisse être écartée sans une satisfaction sérieuse. — Laquelle ? Il est impossible de le savoir, et cet inconnu n'est pas un des moindres dangers de la situation. — Assurément, quand il s'agirait de formuler des conditions à imposer à la Russie, nous finirions vite par ne plus pouvoir nous entendre avec l'Angleterre et l'Autriche.

Il nous en arriverait comme pour l'affaire du Mexique. Partis à trois, nous sommes restés seuls. L'aventure serait cette fois plus dangereuse.

En dehors des dépêches officielles connues déjà, que ne dit-on pas ; les uns voudraient revenir à la Constitution complète de 1815, en invoquant les traités si diversement interprétés de cette époque ; les autres ne se contenteraient pas de cette base de négociations.

Mais on ne croit pas, sans doute, que la Russie consente à rendre à la Pologne son armée nationale ; — elle se souvient trop de 1831. Encore moins peut-on penser qu'elle veuille accorder plus qu'en 1815.

Ou bien il faudrait supposer que la Russie peut abdiquer entre les mains de l'insurrection et se laisser réduire à un rôle d'humiliation tel, que Moscou pourrait devenir bientôt la capitale d'une nouvelle Pologne.

Si l'on n'obtient pas l'humiliation spontanée de la Russie, c'est donc la guerre qui doit sortir des négociations, en admettant qu'elles aient le caractère impératif que leur prête la presse presque unanime, et particulièrement la presse gouvernementale.

La presse française surexcite au plus haut degré l'insurrection polonaise, c'est incontestable, et sans elle, l'insurrection serait terminée.

Elle repousse même l'amnistie, elle exige que la Russie s'avoue vaincue par les armes des insurgés appuyées par la diplomatie des trois puissances qui ont remis des notes le même jour au cabinet de Pétersbourg.

Hélas ! je ne crains pas de le dire ; l'insurrection actuelle, et les menaces diplomatiques si elles étaient réelles, feraient plus de mal que de bien à la malheureuse Pologne ; elle est encore une fois abusée par les excitations de ceux qui veulent lui faire jouer la dernière partie de ses destinées, le bon sens doit lui faire penser que les puissances n'attacheront pas définitivement leur sort à celui de la Pologne, et qu'elle resterait encore une fois victime et abandonnée, la politique l'aurait voulu ainsi.

Mais enfin, l'insurrection est-elle bien nationale ? elle semble n'avoir pas ce caractère, car elle n'est que partielle, elle se compose particulièrement de petites bandes recrutées et armées hors des frontières du royaume de Pologne ; la Gallicie, le duché de Posen, la Turquie, la Suède envoyent sans cesse de nouveaux contingents, et toutes les nationalités se trouvent représentées dans les bandes insurgées.

C'est la presse amie de l'insurrection qui nous le dit tous les jours.

Il est vraiment impossible de croire à un mouvement national, en suivant attentivement les récits des journaux les plus favorables à la Pologne. Le rassemblement le plus considérable, suivant eux, a été de cinq à six mille hommes. Si la Pologne était composée de quinze à vingt-deux millions de Polonais, comme on le soutient faussement, et si l'insurrection était vraiment *nationale*, nous ne verrions pas à Paris tant d'illustres Polonais, dont le patriotisme ne peut pas être mis en doute, et la Pologne aurait déjà des armées formidables en ligne (1).

1) Les statistiques établissent que la population polonaise n'est réellement que de 6 à 7 millions, tant sous la domination de la Russie que sous celle de l'Autriche et de la Prusse.

Puisqu'on a voulu la comparer à la Vendée, que l'on n'oublie pas qu'en 1793, une population de un million cinq cent mille âmes, a pu mettre sous les armes jusqu'à quatre-vingt mille combattants contre la *terreur*. Voyons-nous rien de pareil aujourd'hui en Pologne ?

Mais occupons-nous du rôle que l'on voudrait faire jouer à la France et que le gouvernement ne serait pas assez fou pour accepter.

III

En 1812, l'empereur Napoléon Iᵉʳ, à la tête de six cent mille hommes, couvrait de ses armées tout le territoire de l'ancienne Pologne, l'Empereur n'a pas pu ou n'a pas voulu refaire la Pologne ; espère-t-on retrouver des circonstances aussi favorables ?

En 1831, l'insurrection polonaise s'appuyait sur une armée régulière de quarante mille hommes, la plus belle du monde, elle s'était emparée des trésors de l'État, des arsenaux, de la capitale et des places fortes. Pendant la guerre, elle a eu jusqu'à 130,000 hommes sous les armes ; ses efforts n'ont pas dépassé ce chiffre. Elle n'a pas pu triompher de la Russie, et ses divisions intérieures ont autant fait contre elle que les armes de ses ennemis. Elle n'a aujourd'hui, ni armée organisée, ni trésors, ni arsenaux, ni capitale, ni places-fortes. Les divisions intérieures sont plus vives que jamais.

Pendant la guerre de Crimée, les Polonais n'ont pas donné signe de vie ; ils pliaient cependant sous le régime si sévère de l'empereur Nicolas. En Crimée, cinq ou six réfugiés polonais qui avaient suivi notre armée, annonçaient chaque jour la désertion de leurs compatriotes de l'armée russe, nous n'avons pas vu un seul déserteur. Nous étions bien près de leurs frontières, les secours qu'ils nous eussent apporté auraient été d'une importance extrême pour nous et pour la Pologne; le moindre effort de sa part créait à la France et à l'Angleterre, devant le Congrès de Paris, un devoir impérieux de stipuler pour elle; le traité de paix n'eût pas pu se signer sans une complète satisfaction pour les intérêts de la Pologne. Elle n'a pas bougé.

Il faut avouer que les Polonais ne font jamais rien à propos. Et voilà, lorsque la France et la Russie, après une lutte gigantesque et ruineuse se sont loyalement rapprochées, unies, quand les deux nations ont compris que dans l'ordre général européen elles ne doivent pas être ennemies, une insurrection polonaise qui vient remettre tout en question.

Nous sommes conviés à une guerre qui deviendrait générale, parce qu'il plaît à la Pologne de s'insurger contre le gouvernement, comparativement paternel, de l'empereur Alexandre, au moment où tout tendait à lui donner les plus légitimes satisfactions, dont une partie était déjà obtenue. Il faut qu'à sa réquisition nous puissions demander à la France un million d'hommes et plusieurs milliards pour lui venir en aide. En vérité, n'est-ce pas trop abuser de notre sympathie? Devons-nous ne pas protester contre les encouragements donnés à d'aussi folles prétentions?

Mais encore, si nos sacrifices devaient avoir des limites que la prévoyance puisse entrevoir, cette incroyable prodigalité de notre fortune et du sang de nos soldats pourrait jusqu'à un certain point se comprendre.

Il n'en est pas ainsi, on nous demande de recommencer 1812, et on nous promet l'alliance intime de la Suède et du Piémont sous le nom de royaume d'Italie. Pour un pareil appui, on aperçoit immédiatement la Finlande donnée à la Suède comme prix de son concours. Pultawa viendrait après.

Mais je m'adresse aux catholiques les moins clairvoyants; ne comprennent-ils pas tout aussitôt que Rome serait le prix demandé par le cabinet de Turin ? Qu'ils y réfléchissent sérieusement.

Dans ma conviction profonde, la première marche en avant de l'armée italienne serait suivie du renversement de la Papauté. Je sais bien que l'Italie serait en feu quand son armée marcherait vers la Pologne ; mais au prix de quels sacrifices devrions-nous payer l'erreur des catholiques qui se fourvoyent dans cette question polonaise. Ils auraient leur grande part de responsabilité et voilà pourquoi, tout en détestant comme eux les persécutions auxquelles, il y a quelques années, les catholiques ont été en butte de la part de la Russie, je n'ai pas voulu pousser comme eux à une guerre dont le catholicisme aurait tant à souffrir, quand les plus larges concessions se font à la liberté religieuse en Pologne.

L'Autriche ne s'associerait pas au roi Victor-Emmanuel, sans doute. Peut-elle prendre part à une guerre de nationalité, quand elle possède Cracovie, la Gallicie, la Hongrie, la Vénétie, etc. Quel rôle jouerait-elle donc?

Que l'on n'oublie pas 1813! Quelle fut alors la conduite de l'Autriche? Quelle fut celle de la Suède?

Et cependant l'empereur d'Autriche avait donné sa fille à Napoléon Ier, et le roi de Suède était Bernadotte!

La Bérésina nous a été moins fatale que Leipsig, et peut-on ne pas se souvenir que nos alliés, sur le champ de bataille même, tournèrent tout à coup leurs canons contre l'armée française?

Poniatowski commandait l'armée polonaise, il est mort noyé dans l'Elster.

L'empereur Napoléon Ier commandait en chef toutes les armées réunies, il est mort martyrisé à Sainte-Hélène.

Les efforts sublimes de la France isolée, en 1814, ont-ils empêché la coalition de triompher? En 1815, n'a-t-on pas vu une seconde fois notre capitale conquise par l'Europe coalisée?

C'est qu'il est dans l'ordre naturel que la nation la plus vaillante doive, à la longue, succomber sous les forces réunies de tous les peuples ligués contre elle.

Et sans aller jusqu'à craindre une nouvelle invasion, est-il donc si étrange de prévoir la possibilité d'une guerre désastreuse quand nous ne voyons pas sur quelles alliances nous pourrions compter?

## I V

Les ambitions des puissances secondaires peuvent être surex-
citées; on aurait tort de ne pas prévoir quelles seraient les
suites de leur orgueil fourvoyé. La Suède posée en antagonisme
contre la Russie, le Piémont contre l'Autriche, le Portugal contre l'Espagne, peuvent servir de texte à des projets fantastiques;
mais dans la pratique des affaires, il faut bien aussi se dire que,
le jour où les grandes puissances seraient convaincues que la
France forme des alliances avec des États secondaires ambitieux, pour favoriser ses propres desseins, aussitôt l'Angleterre,
l'Autriche, la Russie, la Prusse, l'Espagne et tous les États qui
gravitent autour de ces puissances, formeraient un faisceau
dont la France aurait à soutenir les efforts suprêmes.

L'Autriche trouverait en Italie la satisfaction de ses vues et la
vengeance de ses défaites.

L'Égypte et la Sicile seraient pour l'Angleterre une compen-
sation bien vite acceptée par elle, le jour où elle sacrifierait

notre alliance à d'aussi puissants intérêts *qui lui seraient offerts,*
On peut en être sûr.

Comment admettre, d'ailleurs, que la Prusse et l'Autriche ne fussent pas contre nous en cas de guerre, tant qu'elles auront le duché de Posen et la Gallicie, qui sont plus polonais peut-être que le duché de Varsovie?

Voudrait-on leur garantir leurs possessions polonaises, comme le fit Napoléon I^er en 1809 et en 1812? Mais alors la nationalité polonaise ne serait pas reconstituée. On aurait sacrifié l'alliance de la Russie à une insurrection secondaire, et on se serait lancé follement dans une guerre pour la solution du problème de la nationalité polonaise, en se liant d'avance les mains en ce qui touche Posen et la Gallicie, c'est-à-dire en la rendant impossible.

Quelle inconséquence !

En admettant la neutralité, ou bien que nos alliés nous restassent fidèles ; que nous n'ayons à compter que des victoires; que la fortune longtemps favorable à l'empereur Napoléon III se continuât dans la plus formidable entreprise de notre siècle, comment pourrait se terminer une guerre dont le but serait de séparer la Russie du reste de l'Europe par un immense parallélogramme, partant de la Baltique jusqu'à la mer Noire, auquel on donnerait arbitrairement le nom de Pologne, disposant, ainsi qu'en 1815, de peuples qui ne sont pas Polonais, sans leur consentement?

Autre inconséquence, qui est devenue le programme polonais du parti de l'action.

Quelles que fussent nos victoires, croit-on qu'une paix serait possible avec de pareils projets ? Croit-on que la Russie, qui resterait encore avec soixante millions d'âmes, acceptât une pareille humiliation ? La Russie est bien changée, ou ce serait mal connaître son instinct national et son patriotisme. Elle se sacrifierait tout entière plutôt que de se soumettre à un tel abaissement, et, je le répète encore, la Pologne dût-elle, sous la protection de nos armes, prendre provisoirement Moscou *une seconde fois incendié*, comme capitale, Pétersbourg dût-il être détruit de fond en comble par nous ou par les Russes eux-mêmes, il n'y aurait encore qu'une guerre interminable à soutenir jusqu'à ce que des deux peuples russe et polonais, l'un vînt à être anéanti. Il faut rendre à ces deux peuples pleine justice. S'ils ont de grands défauts, ils portent l'un et l'autre au plus haut degré la vertu du sacrifice à la patrie ; mais que l'on compare les deux territoires, les deux populations, et que l'on prononce.

Ma conviction est si profonde, que je n'admets même pas qu'un souverain de Russie, si adoré qu'il fût par ses sujets, pût mettre un terme à une pareille guerre dont il est impossible, on en conviendra, de découvrir les avantages pour la France qui en ferait tous les frais, à moins que l'on ne prenne au sérieux le zèle avec lequel la presse anglaise nous offrait, il y a quelques semaines, le Rhin et la Belgique.

La France devrait abandonner son œuvre sans l'avoir achevée ?

Ne serait-elle pas peut-être obligée de rappeler à son secours ses armées occupées à combattre pour la Pologne, tandis qu'elle serait attaquée par des puissances sur la neutralité desquelles elle aurait compté ?

Mais au moins si l'on savait ce que l'on peut faire pour la Pologne ? On ne le dit pas, on ne le sait même pas. Sur quels principes s'appuierait-on pour lui créer des frontières ? Quels seraient les contractants ? Ce ne serait à coup sûr ni la Prusse, ni l'Autriche, et encore la Pologne que l'on voudrait faire serait-elle monarchique ou républicaine, aristocratique ou démocratique ? Sa dynastie est-elle trouvée ? On parle d'un Czartoryski, de l'archiduc Maximilien, du prince Napoléon et de bien d'autres encore. Les uns refuseraient, les autres seraient refusés. A quoi bon s'appesantir sur la question de personnes quand le principe monarchique n'est pas même accepté ?

Ah ! il est beau de se battre et de mourir pour l'indépendance de sa patrie ; mais il faut savoir encore à quel drapeau se rallier. Il y en a de toutes sortes en Pologne ; et c'est une des plus grandes et des plus inextricables difficultés de la situation. Aussi, pour retarder le jour de leurs luttes intestines, tous les partis déjà livrés à leurs intrigues sont-ils convenus de réserver la question du gouvernement ? Ils l'avaient réservée dans la guerre de 1830 et 1831. C'est toujours un germe de guerre civile que les Polonais tiennent à conserver précieusement, à ce qu'il paraît.

Assurément, je déplore la perte de l'indépendance de la Pologne ; mais je ne peux pas approuver le mouvement qui semble nous emporter nous-mêmes aujourd'hui vers des entreprises folles.

Je voyais une espérance pour la Pologne, une certitude même, dans les sentiments si bienveillants et dans les actes si significatifs de l'empereur Alexandre. Je croyais que bientôt les institutions libérales et nationales qu'il accordait successivement, serviraient à cicatriser les plaies encore bien douloureuses de cette malheureuse nation. Je croyais, j'espérais que la France pouvait et devait, après le sang que les Polonais ont versé pour elle sur tant de champs de bataille, profiter de son intimité avec la Russie pour leur être utile et favorable; elle eût réussi, on ne peut pas en douter. Elle réussirait si, comme je le désire, les formes diplomatiques employées étaient réellement amicales ; mais les concessions seront retardées par la pression extérieure apparente. Pourquoi la presse française est-elle donc si violente et fait-elle tant d'efforts pour pousser cette question polonaise à ses plus extrêmes conséquences? Pourquoi le lui permettre quand on lui défend tant de choses bien plus innocentes.

Une guerre générale pour la Pologne, personne n'en veut ; il n'y a que les fous ou des ennemis de la France qui puissent en vouloir? pourquoi donc exciter à une guerre implacable, contre la cause qui nous tient tant à cœur, une grande nation comme la Russie? Pourquoi pousser les pauvres Polonais à la mort et à leur ruine, quand on sait qu'il est impossible de les secourir sans faire le plus grand acte de démence? Il y a lâcheté à encourager des efforts impuissants d'un peuple, quand on n'est pas décidé à le seconder soi-même par tous les genres de sacrifices; et voilà pourquoi je me suis énergiquement prononcé contre la folie polonaise qui s'empare de bien des gens. Dans l'intérêt de la Pologne comme dans celui de la France, il est impossible que tous les bons esprits ne soient pas frappés jusqu'à l'évidence, des fautes qui se commettent dans ce moment.

Il faut savoir se vouer à l'impopularité d'un jour, quand on a la conviction d'un grand devoir à remplir. Il serait plus commode de prendre un rôle contraire, on obtient plus d'éloges, on évite les plus grossières injures, les plus incroyables calomnies ; mais la conscience est à l'aise quand on parle, quand on écrit avec une profonde conviction ; pourquoi hésiterais-je à dire des vérités dont tout le monde convient.

Du reste, si j'entends faire des vœux pour la Pologne, la plupart de ceux qui les font protestent énergiquement contre la pensée d'une guerre qui pourrait surgir de cette question.

## V

Les Puissances se plaignent, à juste titre, de l'agitation entretenue par les Polonais dans toute l'Europe. Il est évident que leur politique est de pousser à un conflit européen dans l'espérance de voir leur nationalité reconstituée ; — je comprends cette politique dans une certaine mesure. Quand un peuple perd son autonomie, il doit, dans son désespoir, tout tenter pour la recouvrer ; mais les Polonais ont été trop loin ; ils auraient conservé de bien plus vives sympathies si, depuis trente ans, nous ne les avions pas vus toujours avec la révolution, dans tous les troubles de l'Europe ; si nos soldats n'avaient pas eu à les combattre derrière chaque barricade dans nos troubles civils.

Au mois d'avril 1848, ils voulaient forcer le Gouvernement provisoire à déclarer la guerre à la Russie, et sans l'énergie de M. de Lamartine, leurs menaces fussent devenues un danger intérieur et extérieur qui eût vite fini par l'anarchie. Le 15 mai, la République était renversée en *leur nom*, quand la

Chambre fut envahie aux cris de : *Vive la Pologne?* Car c'est à dater de ce jour que bien des illusions furent détruites.

Depuis 1831, tous les Polonais, poursuivis ou condamnés pour quelque cause que ce soit, qui ont pu s'échapper, sont venus en France apporter un contingent peu estimable aux nobles débris de l'émigration polonaise qui, après avoir lutté héroïquement, s'était réfugiée au milieu de nous, où elle avait été accueillie avec la plus unanime cordialité.

En quelques années, les sympathies n'étaient plus les mêmes, — et successivement elles se sont affaiblies, — c'est un fait incontestable.

Il ne faut donc plus faire de la question polonaise une question aussi populaire qu'on le dit. L'ivraie s'était trop mêlée au bon grain. C'est le sort de toutes les émigrations qui se prolongent. Les efforts louables des vieux soldats de l'indépendance, pour n'être pas confondus avec les nouveau-venus, n'ont pas pu surmonter le flot qui les a envahis eux-mêmes, et c'est ce mélange qui a tant nui encore, ces derniers temps, au développement de l'insurrection polonaise, même en Pologne.

Quel remède apporter à la situation politique des Polonais ? Je ne me hasarderai pas à donner un avis. L'autonomie, l'absorption, tout est difficile ; ce n'est pas le sujet que j'ai voulu traiter ; — et, d'ailleurs, de quel droit nous ferions-nous les arbitres des destinées d'un peuple qui ne vit pas sous nos lois ? Le système de l'ingérance dans les États du monde entier marchant de pair avec le principe de *non intervention*, s'il est fort dangereux est aussi fort illogique.

Les notes diplomatiques ne formulant aucune proposition, aucun projet, aucun système, la Russie doit être fort embarrassée de savoir jusqu'où elle pourrait être conduite ; car si on lui demande des concessions très-larges, faut-il d'abord qu'elle s'assure si elles conviendraient à toutes les puissances ? Peut-être ne seraient-elles pas d'accord. Il faut qu'elle sache si elles conviendraient aux insurgés polonais ? par l'amnistie générale elle a fait le premier pas, c'est par des défis et par des injures que cette mesure a été accueillie.

Si les concessions n'étaient pas acceptées par les insurgés polonais, s'ils exigeaient la reconnaissance d'un royaume de Pologne composé de toutes les anciennes provinces sur lesquelles ils prétendent avoir eu des droits, que devrait faire la Russie ? Que deviendrait la diplomatie, que devraient faire les puissances en présence d'un refus absolu des insurgés polonais ?

Les abandonner, ou les suivre dans leurs exigences ? on voit quels dangers peuvent surgir !

Une chose étonne au plus haut degré, c'est de voir que l'on ne demande rien, que l'on n'exige rien de l'insurrection qui reste maîtresse de ses résolutions, tandis que l'on veut imposer des conditions à la Russie.

Si encore les puissances qui envoient des notes avaient les pleins pouvoirs de l'insurrection ? mais elles ne les ont pas. Elles ne peuvent pas les avoir, car elles se feraient accuser d'une complicité qui n'existe pas. Si l'insurrection polonaise avait l'importance qu'on lui attribue et à laquelle je ne crois pas, les puissances pourraient donc se trouver très-compromises par un refus de ceux qu'elle protége.

Toutes les démarches diplomatiques n'ont conduit jusqu'ici qu'à exciter l'insurrection, à lui donner des espérances trompeuses, à créer une situation qui peut se compliquer d'embarras inextricables. Voilà pourquoi je crains les voies dans lesquelles on est entré, voilà pourquoi je déplore profondément que la France n'aie pas profité de son intimité avec la Russie pour traiter directement avec elle l'affaire de Pologne de la manière la plus utile aux intérêts qu'elle tient à cœur de sauvegarder.

Malheureusement, il se fait un travail contraire, et le parti de la violence voudrait l'emporter sur le parti de la raison. Le gouvernement de l'Empereur ne saurait trop se mettre en garde contre de pareilles excitations. La France ne peut pas trop les repousser.

Je voudrais voir la presse manifester hautement que les Français sont unanimes dans leur sympathie pour les Polonais ; mais tous ceux qui ont le sens politique et qui savent l'histoire du passé, l'histoire et la situation de notre temps, doivent énergiquement repousser l'éventualité d'une intervention armée qui bientôt deviendrait une conflagration générale dont la France et la Pologne auraient à supporter les conséquences incalculables.

Il me semble donc que l'intimité qui existait entre la Russie et nous, il y a quelques jours, devrait se resserrer encore sur cette question de Pologne au lieu de se rompre, nous obtiendrions alors pour nos amis des champs de bataille ce que des victoires ne leur obtiendraient jamais d'une manière durable, et l'Empereur Alexandre n'a-t-il pas dit : « Je ne me laisserai pas « détourner de mes intentions bienveillantes pour la Pologne, « les insurrections du dedans, les injustices du dehors ne « changeront rien à mes résolutions ; mais je ne veux pas que « la révolte ou l'étranger m'imposent ce que mon cœur et ma « raison ont décidé de faire pour les Russes comme pour les « Polonais. »

En terminant, j'ai le droit d'invoquer un souvenir.

Le maréchal Masséna, avant la campagne de Russie, manifestait avec colère sa désapprobation de la guerre qui se préparait. Qu'il me soit permis d'être de l'avis de ce grand capitaine, surtout quand l'expérience lui a si cruellement donné raison.

Et, enfin, je mets mon opinion sous la protection des paroles de l'empereur Napoléon Ier, que j'ai déjà citées au Sénat.

Il disait, en parlant de la guerre de 1812 :

« Bien des choses pourront atténuer ou justifier la seule faute

« grossière en diplomatie et en guerre que l'on ait le droit de
« m'attribuer, celle de m'être livré à une telle entreprise, en
« laissant sur mes ailes, devenues bientôt mes derrières, deux
« cabinets dont je n'étais pas le maître, et deux armées alliées
« que le moindre échec devait rendre ennemies. »

Voulons-nous, après Napoléon I<sup>er</sup> et sans lui, recommencer
cette faute grossière en diplomatie comme en guerre?

MARQUIS DE LA ROCHEJAQUELEIN.

30 avril 1863.